아파서
한(恨)이 되어
이룰 수 밖에

野草 林正道 詩集

아파서
한(恨)이 되어
이룰 수 밖에

새문화출판사

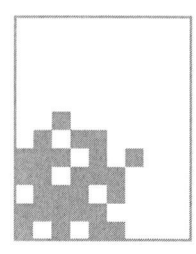

그때는 정말 어렵고 힘든 시절.

나에게는 중학교 입학 전부터 굴곡 있는 길을
걸어야만 했다.
같이 배우고 싶은 희망도 생존의 촛불 앞에선
나보다는 식구들의 한 끼가 절실했던 날들
참 길게 느껴진 세월은 어제의 일이었다.

굴곡진 세월
조건과 환경이 불리했던 시절
검붉은 석양으로 드리웠지만,

한 계단 한 계단
만들면서 성장해 온 길
나와 인연된 모든 분들께 고마움만

내놓기 부끄럽지만 용기의 주머니를 꺼내고자 합니다.

에필로그
Epilogue

70을 바라보는 길목에 서서
50년 만에 한풀이했던 시화전 그리고 연이어 등단.

또다시, 새로운 길을 걷고자
성장의 계단 앞에선 수행자의 마음처럼
하나씩 하나씩 배우면서, 깨우치며 가 보자는 심정으로

새롭게 원하는 한 계단
하고 싶은 한 계단
하지 않으면 후회할 계단을….

또다시 만들면서
원하는 삶 가고자 합니다.

목차 contents

제1부 그리움

- 10 ⋯ 그리움 1
- 12 ⋯ 사진 한 장
- 14 ⋯ 문무대왕릉 보며
- 16 ⋯ 마음자리
- 17 ⋯ 그리움 2
- 18 ⋯ 석양
- 19 ⋯ 아버지의 일상
- 22 ⋯ 회상
- 24 ⋯ 정원의 하루
- 26 ⋯ 黃嶺寺
- 28 ⋯ 소원
- 29 ⋯ 새벽 예불
- 30 ⋯ 동자승
- 32 ⋯ 그리움 3
- 33 ⋯ 우리
- 34 ⋯ 넋두리
- 35 ⋯ 마음 길
- 36 ⋯ 마음 인연

제2부 바다

- 40 ⋯ 마음 다짐
- 42 ⋯ 마음가짐
- 43 ⋯ 갯벌
- 44 ⋯ 어린 시절의 바다
- 45 ⋯ 바다
- 46 ⋯ 어머니의 빨간 대야 1
- 48 ⋯ 어머니의 빨간 대야 2
- 49 ⋯ 어제와 오늘
- 50 ⋯ 세월
- 53 ⋯ 겨울바다
- 54 ⋯ 가신 길 1
- 55 ⋯ 가신 길 2
- 56 ⋯ 막재 날에
- 58 ⋯ 병원 가는 날
- 60 ⋯ 무지개
- 61 ⋯ 소록도 통곡
- 62 ⋯ 소록도의 恨
- 63 ⋯ 가을

아파서 한이 되어
이룰 수 밖에...   野草 林正道 詩集

제3부 인생

- 66 ··· 인생 1
- 67 ··· 인생 2
- 68 ··· 그리움
- 70 ··· 길 1
- 72 ··· 영락공원에서
- 73 ··· 나뭇잎 인생
- 74 ··· 길 2
- 75 ··· 봄이 오는 길
- 76 ··· 나의 감사 기도
- 78 ··· 외계인이 본 모습
- 80 ··· 넋두리
- 81 ··· 한 더위
- 82 ··· 고백
- 83 ··· 보고파서
- 84 ··· 길 3
- 85 ··· 마음 1
- 86 ··· 봄날에
- 87 ··· 봄봄

제4부 잡초

- 90 ··· 잡초
- 91 ··· 어울리지 않는 사람
- 92 ··· 공부
- 94 ··· 들풀
- 95 ··· 마음 2
- 96 ··· 병실의 아픔
- 97 ··· 나는
- 98 ··· 문득
- 99 ··· 화두
- 100 ··· 길 4
- 101 ··· 잡초야
- 102 ··· 희망
- 103 ··· 석양 1
- 104 ··· 석양 2
- 105 ··· 여행길
- 106 ··· 절 바다
- 107 ··· 잡초들
- 108 ··· 회상
- 109 ··· 돌파의 하루
- 112 ··· 걸어온 길

- 115 ··· 추천사

아파서 한(恨)이 되어 이룰 수 밖에

野草 **林正道** 詩集

오늘
푸르름을 간직한 나무 사이로
찾아든 아침 햇살에
지난 세월을 돌아본다

새벽녘 덜 깬 잠을 달래려고
은하수 이불 따라 골목 끝 화장실
볼일을 마치고 드르럭 문을 열면
마루에 놓인
어머니 가슴앓이 망상어 김칫국에
밥 한술 털어 넣고 나선 새벽 바다.

은빛 물결 가르며
전마선 저어 저어 먼 등대까지
봄날 건지러 가던 그날 그날들이여…
탱탱 부는 겨울 바다 바람에
갈라진 손을 통발 줄에 버티고…

깡깡 얼은 땅을 모닥불로
손마디의 아리는 아픔을 딛고
몸무게 보다 무거운 공사판 질통을 메고
……..
……..(중략)

그리움

그리움 1 / 사진 한 장 / 문무대왕릉 보며 / 마음자리 / 그리움 2
석양 / 아버지의 일상 / 회상 / 정원의 하루 / 黃嶺寺 / 소원 / 새벽 예불
동자승 / 그리움 3 / 우리 / 넋두리 / 마음 길 / 마음 인연

그리움 1

오늘
푸르럼을 간직한 나무 사이로
찾아든 아침 햇살에
지난 세월을 돌아본다

새벽녘 덜 깬 잠을 달래려고
은하수 이불 따라 골목 끝 화장실
볼일을 마치고 드르륵 문을 열면
마루에 놓인
어머니 가슴앓이 망상어 김칫국에
밥 한술 털어 넣고 나선 새벽 바다.

은빛 물결 가르며
전마선 저어 먼 등대까지
봄날 건지러 가던 그 날들
탱탱 부는 겨울 바다 바람에
갈라진 손을 통발 줄에 버티고…

깡깡 얼은 땅을 모닥불로
손마디의 아리는 아픔을 딛고
몸무게 보다 무거운 공사판 질통을 메고
한 걸음 한 걸음 올라 온 계단 길이여

등을 펼 때마다
보이던 하늘이
왜 그리도 자주 보고플까?

벼랑 위 들풀의
울타리를 만들어 준 푸른 소나무
수평선 끝까지
쌍무지개가 되어 준 50년
잊을 수 없는 친구들
잊을 수 없는 날들이여 꿈들이여…!

사진 한 장

여행에서 찍은 사진이
아버님 어머님 회갑년에 제주도에서
찍으셨던 모습과 흡사합니다.

'참 젊으셨는데'…
이듬해 정월 열나흘
찬바람 몹시 불던 날
코 끝도 손 끝도 유난히 시렸던 날
배에 실은 그물이랑 잡은 고기들과 함께
바다 품으로 훌쩍 떠나셨지요.

오! 아버지 어머니
가신 지 어언 33년
소식 한번을 주시 않으시는 아버지 어머니!

이제는 수궁에서 만난 인연들과
좋은 시간을 보내시는지요?
자식 걱정, 세상 걱정 모두 잊으시고
편히 계시는지요?

오늘 밤이 아버님 어머님 기일
자손들이 고개 숙여 잔을 올립니다.

아버님의 콧소리 타령과
어머님의 새벽 행상 피맺힌 소리를
언제 다시 들을 수 있으리오?
다시 들을 수 있으리오?

문무대왕릉 보며

여러 번 찾았던
문무대왕릉

그 순간순간
호국의 높은 뜻 되 뇌이곤 했었다.

나라 위해 백성 위해
뿌려 달라신 대왕의 혼을 기릴 줄만 알았는데 …

아, 이 못난 아들은
이제서야 통곡합니다.

어린 자식들 위해 겨울 바다 찬 바다에
고기밥이 되신 아버지 어머니의 희생이
어찌 문무대왕의 혼과 다름이 있으리오.

아버지 어머니
혼백만 모신 빈 무덤보다
앞으로는 이 바다를 찾겠습니다.

이 바다 이 무덤이
대왕의 무덤이요
아버지 어머니의 무덤임을 느낍니다

바다로 떠나가신 부모님

33년이 지난 오늘
여기 대왕암에서
아버지 어머니를 봅니다.
오, 아버지 어머니!

마음자리

누구는
마냥 청춘인 듯
돌아다보지 못하고
마음대로 지나온 날
바늘 꽂힐 자리 하나 없네.

누구는
노인이라 자인하고
불경을 사경하며
마음 비운 진자리
수만가지의 꽃을 꽂았으니
대숲 같은 그대 마음

아!
이 내 마음은
아직도 놓일 곳을
찾아 헤매는 가을볕의 잠자리.

그리움 2

매미 열창하는 초여름

신록의 내음
진하게 파고들면
마음 한 켠 심어놓은
맺지 못한 사랑나무

바람에 이는 물결 아래
낙동강 변 둑길 위에
줄지은 수양버들 사이로
옛 일들 하나 둘 하늘거리면

검은 노을 붉은 추억
석양에 머물고
파고드는 푸른 머릿결들
가슴에 묻고
그리움 또한
그리움 또한 접어둔다.

석양

분홍신 갈아 신고
님 찾아가는 마음

물든 볼 감추느라
하얀 분 바르고

산 허리에 기대어
손짓하는 노을이 아쉬워

단풍구름 따라 더 높이
바라보고파지는구나.

아버지의 일상*

아버지는
그래도 되는 줄 알았습니다.

모두가 잠든 겨울 새벽에
어제 남은 국과 보리밥 한술로
365일 거르지 않고 바다일 나서시는
아버지는
그래도 되는 줄 알았습니다.

적기뱃머리에서 빨간 등대 흰 등대 너머까지
전 날에 쳐 놓은 그물 찾아 '오늘은 좀 잡히려나'
늘 작은 바램으로 올리시던
아버지는
그래도 되는 줄 알았습니다.

해가 중천에 오를 때면 선착장에 풀어 놓고
석양 안고 온 종일 손질한 그물들을 싣고
부산항 내·외항을 노, 노를 저어 다니시던
아버지는
그래도 되는 줄 알았습니다.

어둠 깔린 포구로 돌아오시면 물간에 둔 소주병
힘든 하루 달래시다 거나하게 취하시면
고함인지 노래인지 알 수 없는 함성을 지르시던
아버지는
그래도 되는 줄 알았습니다.

기차 길 지나 신작로를 건너
소막골 검역소 아래 골목길을 들어서시면
칠남매,
아버지 소리에 놀라
다락으로 도망치게 만드셨던
아버지는
그래도 되는 줄 알았습니다.

'정도야' 부르시면
슬그머니 내려와
힘드신 아버지의 팔다리를 주물러드렸고
새벽녘까지 한국동란 이야기와 군가를 부르시던
아버지는
그래도 되는 줄 알았습니다.

잠시 눈 붙이시고 일 나서실 때
달과 은하수를 동무삼아
부산 앞바다를 놀이터로 배와 그물을 놀이로 여기셨던
아버지는 아버지는
그래도 되는 줄 알았습니다.

이제 와서야 알았습니다.
그때에 부르시던 노래는 가난을 넘어시려던
통곡痛哭이셨던 것을
고래 고래 고함 토하시던 함성은
전쟁의 트라우마이셨음을…

오! 아버지, 아버지
어렸던 저는
정말 정말로 몰랐습니다.
얼마나 아프셨고 그 얼마나 힘이 드셨습니까?
오! 아버지!

* 임순덕의 "엄마는 그래도 되는 줄 알았습니다."를 페르디함

회상

소막골* 검역소* 아래
작은 골목 중간 쯤

늘
빨랫줄에 걸린 장어들이
연탄 불 모테*에 일렬로 뉘이고

큰
사발에 가득한 소주
하나 두울 사라지면

해거름에 붉은 노을
아버지 가슴에 짙게 물들 쯤
6.25 군가에 힘이 빠지고

빨랫줄도 지쳐서
바람에 흔들흔들 손을 내저을 때
오늘도
아버지의 하루는 잠들어 가네.

골목길 하늘에는
은하수가 이불을 펼치네.

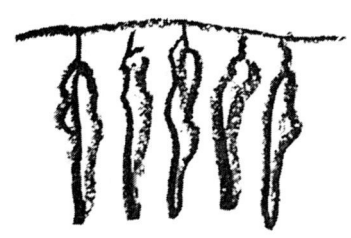

〈장어〉

* 소막골 : 부산 남구 우암2동 소재. 일본 총독부 시절 소 마구간을 집으로 개조하여 사람들이 살았던곳.
* 검역소 : 소를 검역하여 일본으로 공출하던 작업장
* 모테 : 석쇠의 다른 말. 고기나 굳은 떡 조각 따위를 굽는 기구.

정원의 하루

향나무 아래 넓은 터에 자리한
흰 꽃대 분홍 꽃대 흔들면서
이집 저집 인사하는 사랑 초 부락
사랑과 정을 나누는 아침

아침 햇살 맞이하려 창문을 여니
층층이 살고 있는 담쟁이들
아래 위층 모두 나와
살랑살랑 하늘하늘 춤추고
흥얼흥얼 콧노래를 간지럽게 부르면

푸른 밥상 노오란 그릇 품은 민들레
하얀 고봉밥이 젓가락 끝에 달려
노래 따라 스르러 스르러 바람에 실려 가고

떨어지지 못한 맥문동 열매
제 몸을 이기지 못해
고개 떨구며 하루를 견뎌낼 쯤

며칠 전,
베어 버린 잡초들도 아픔을 잊은 채
익어가는 푸르름을 즐기고 있네.

黃領寺*

황령사 들어서는 일주문 위
오색연등이 빙그레 웃고

길 가에 늘어선
맑디 맑은 흰 철쭉,
금당화 분홍 주름등은
저마다 소원을 빌고

나무아미타불 비석 지나
심검당* 마당에는
소담스런 불두화가
어서 오라 손짓을 하네.

대웅전 앞에 서서 두 손을 모으니
석탑에 앉은 산새들의
뜻 모를 법문 소리에
이 객도 묵언 수행자처럼 미소로 듣는다.

뭉게구름 걸려있는 미루나무 아래
소원성취 기도하는 노 보살의
간절한 목소리
관세음보살님과 함께하는 내 마음.

* 경북 상주시 은척면 소재 사찰
* 스님들의 수행처

소원

난
남은 생
잘 지어 가리라.

다음 생
인간으로 태어나
동진 출가 하리라.

참 수행 길
선지식 만나
깨달음 소원 이루어 보리라.

새벽 예불

새벽 예불 나서는 스님의 승복 단에
법당 앞 자갈 마당 흐느끼는 잡초들

부처님의 손길인양 하염없이 절 올리고
웅장한 범종 소리에 산새마저 찬불가를 하네.

잠이 덜 깬 안개마저 솜이불 접으니
꽃들도 일어나 노래하며 춤을 추네.

만물이 일어나 참여하는 깨침 공부
석탑처럼 서 있는 나 자신만 방외자…

동자승

대웅전 기둥 앞에
어린 마음 아픔 안고
108배를 올린다. 동자승 동자승…

해맑은 웃음, 울음, 투정을
고행의 길 속에서
삭발로 지우고

저마다의 상처를
인연 따라 치유코자
버리고 있다. 근기에 맞게

놀자
버리자
그리고 돌아보자…
정화 위한 수행은
고행이라기보단 차라리 아름다움이다.

오, 동자승 동자승

제 이미 아기부처이면서도
속세에서의 즐거움 이기심을
산사의 바람에 날려 보내려
먹물보다 진하게 물들어진 승복입고
108배, 1080배를 올린다.

그리움 3

애 터지도록

생각 나네
보고 싶다.

허나
지워질 때까지

그냥
견뎌 보자.

언젠가는
그 애 터지고 나면

지워질 날도
오겠지.

우리

전생에
지은 업으로 이 세상에 왔다가

제각각
인연 속에 살아가네.

세상사
이룰 소망 간절함에 있거늘

더불어
닦고 닦아 선연으로 이어감세.

넋두리

오라고 하지 않았는데
갈 수 밖에 없는 곳.

사는 게
힘들다지만
그래도
이승이 천국임을 알아서

지금
잘 지어
가는 길의 노잣돈 모아 두리다.

요긴한 날
쓰이도록.

오라고 하지 않았는데
갈 수 밖에 없는 곳.

마음 길

마음 두고
가는 길
그대로 가지던가여?

이렇게
가는 길
그냥 가 봄세.

말하지 마세여
그냥
마음 흐르는 대로

꼭이라고
원한다고도
그 맘도 열지 마세여

그냥
그냥
그렇게 가 봄세.

마음 인연

하심과 존중
배려와 나눔
나눔과 비움

머문 곳
또 가고 있는 인연
시간 따라 동행한 날들
세월이 흘러
이제와 뒤돌아보니
그냥
웃음만 빙그레

앞을 보니
접어야 할 여행길
옆에는 두고 갈 인연들

그래도
다가올 날들
함께 갈 세월에
크게 한번 웃고 가리라.

탐욕도 접어두고
하심하면서
인연 따라
즐겁게
잘 살다 가리다.

아파서 한恨이 되어 이룰 수 밖에

野草 **林正道** 詩集

인생은 즐겁게

나누는 기쁨
비움의 행복

식識을 채우지 말고
혜慧를 구하자.

늘
새날

순간
지금 지나면
그리운 날

일상 속에
늘 감사와 안분지족
멀리 보고 살자

아!
옛날이 되기 전에
좋은 날들로
오늘을 이어 가보자.

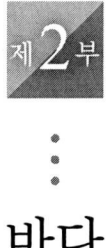

제2부

바다

마음 다짐 / 마음가짐 / 갯벌 / 어린 시절의 바다 / 바다
어머니의 빨간 대야 1 / 어머니의 빨간 대야 2 / 어제와 오늘
세월 / 겨울바다 / 가신 길 1 / 가신 길 2 / 막재 날에 / 병원 가는 날
무지개 / 소록도 통곡 / 소록도의 恨 / 가을

마음 다짐

인생은 즐겁게

나누는 기쁨
비움의 행복

식識을 채우지 말고
혜慧를 구하자.

늘
새날

순간
지금 지나면
그리운 날

일상 속에
늘 감사와 안분지족
멀리 보고 살자

아!
옛날이 되기 전에
좋은 날들로
오늘을 이어 가보자.

마음가짐

감성과 이성의 갈림길에서
헤매기도 하고,

흐르는 마음 따라
또 그렇게 살기도 했지요.

태풍에 떠나보낸
서러운 마음 뒤로 하고

청정함만 간직하고
그렇게 그렇게
살아가야지.

갯벌

풍요로운 인연들이
검디검은 뻘 속에
새로운 삶을 찾아
기다림의 갈래를 이어가 본다.

늘 그래 듯
찾아온 그리고 찾아올
아름다운 생명들이
갯벌에 두고 간 향기들.

새 생명이 움트는
밀물이 가슴에 밀려오면
두고 간 그리움을 바라보며
석양도 바다 속에 노닐고 있구나.

어린 시절의 바다

외할아버지와 그물 건지려 바다로 나가면
앞에서 당기고 뒤에서 노 저어며
흥건한 땀에도 은은한 미소가 감돌았고

아버지와 사계절의 밤을
건지고 던지며 통발 일로 지새워도
장어로 가득한 물관에는 행복이 넘실넘실

밤새도록 바지락을 까시던 곱디고운 어머니
손가락 마다 부르트고 베이셔도
바다에서 바지락을 씻으실 때이면 함박웃음 물결쳤고

친구들과 노 젓기, 헤엄치기, 다이빙, 낚시하며 놀던
적기 뱃머리 바다는 세상에서 가장 큰 놀이터
함께 한 추억들이 바다 속에 잠들어
그리움의 물결로 가슴에 밀려온다.

바다는 나의, 나의 어린 시절…

바다

바다는 엄마의 품
모두 다 안아주지요.
아무런 말도 없이…

바다는 성난 아버지
모두 다 삼켜버리지요.
화난 그대로…

바다는 그리움
수평선에 쳐 놓은
추억의 보고寶庫.

어머니의 빨간 대야 1

어머니는 늘 토끼눈처럼
빨간 눈시울을 이고 다니셨지요.

한 겨울
빨간 고무 대야
방 가운데 자리하여
바지락 까느라 식구들 둘러 앉아
한 자루 두 자루 비워져 가고

별들도 깊은 잠에 빠져들 때면
출렁거리는 칼에 손가락은 피눈물을 흘리고
놀란 가슴 청 걸레로 동여 메고
새벽 닭 울음소리에
깐 바지락을 이시고

붉게 익은 눈물도 어디로 날리시는지
골목길 돌아 뱃머리로
씻으러 달리시던 어머니.

빨간 고무 대야 볼 적마다
밤새도록 바지락과 씨름하시던
어머니 생각에
붉은 눈시울이 또 아려옵니다.

빨간 대야
빨간 대야
어머니의 그 빨간 대야.

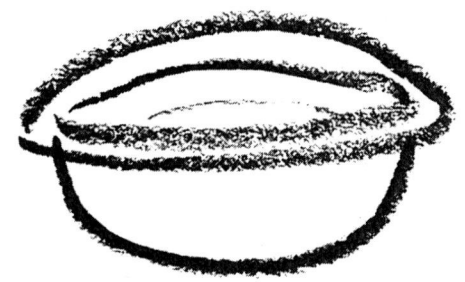

어머니의 빨간 대야 2

은하수
어머니 어깨에서 같이 지샌 밤

하얀 바지락 가득 담긴
우리 어머니의 빨간 대야

달리며 춤추고
땀범벅 눈물 훔치면

붉은 눈물 감추시려고
바다로 바다로

달리고 또 달리셨네.
우리 어머니.

어제와 오늘

네가 얼마나
대견한지
얼마나 네가
자랑스러운지

너는 알지 못했지
허나
하늘도 보았고
바다가 알지

알고자 아파했고
가르침에 울었고
하심하며 감사한

지금

세월이 흘러
흐느끼는
네 마음.

세월

겨울을 이겨낸 봄
포근한 하늘 아래
파릇파릇한 제 모습을 보며
지난날들 회상하는 이 순간…

옆구리에 신문을 움켜 안고
달리던 골목길,

원단을 들고 매일 달리던
봉제공장

하루에도 12시간을 뛰고 또 뛰던
학습지 배달맨

앞에서 끌고 뒤에서 밀기도 하고
연탄 실은 리어카 맨

질통 메고 헉헉거리며
고층아파트 신축 공사장 오르내리면서도

벽에는 외국어, 수학공식 쪽지를 못으로 박아 두고
외우고 또 바꾸길 여러 해…

여느 친구들처럼
교복을 입지는 못 하였어도
언제나 등 뒤에 메고 있었던 가방 덕분에
한걸음 또 한걸음의 인생 계단을 오를 수가 있었지.

그 날들의 힘으로
육체적 고통이 정지되는 날
울음으로 선물 받은 공무원 시작

힘든 날들을 이겨내며 얻어낸 열매였지만
여기에서 그칠 수는 없었다.

한 맺힌 배움터를 찾아간 방송통신고
차라리 질통보다 더욱 힘든 늦깎기 학업
하얀 밤을 보내기가 일수였지…
이후 방송통신고를 발판 삼아
학업의 등산길을 쉬지 않고 걷고 걸어 이어나갔지.

고진감래란 말이 나에겐 오히려 합당치 않으신데도
학부, 석사, 박사 학문의 단계들을 분에
넘치도록 허락하셨고
마침내 상아탑에서 제자들을 가르치는 일까지 허락하셨다.

적기 뱃머리의 가난한 어부의 아들을
바지락 고무대야 행상 어머니의 아들을…

그 길 위에는 친구와 함께 해온 길이 있었다.
친구들의 언어와 몸짓을 따라한 50 년 세월
나의 작은 스승들이요, 동행자였다.
덕분이요, 감사할 일이다.

지금 여기에 있고 보니
누리기만 했지, 한 일, 이룬 일, 남길 일이 없다.

하나 이제 그곳에서 내려가야 할 시간.
60 년의 겨울을 이겨낸 봄의 속삭임
'힘들었지' '잘했어' '이젠 됐어' 라고 속삭여 준다.

겨울바다

태~~ 엥 ~~탱
테 ~ 에 ~ㅇ~ 탱 탱

가야금 울리 듯
겨울바다 바람소리 안고
펄쩍펄쩍 장어들의 배 위 몸부림

시뻘건 핏물 머금은 손가락들
아가리 벌려 울부짖어도
동이 틀 때면 아물어 가고

으~~~옥 신음하는 육신도
아침 햇살 맞으며 잠들어 갈 때
가야금 소리도 점점 더 멀어져 가네.

태~~ 엥 ~~탱
테 ~ 에 ~ㅇ~ 탱 탱

가신 길 1

새벽녘 달님 보며 골목길 돌면
은하수 이불 따라 시장길 지나
그물코 만지면서 선착장 가네.

뱃머리 닻 올리며 노 저어 가면
물결에 부서지는 물보라 행렬
설레는 마음 따라 바닷길 가네.

하늘의 별들만큼 고기 걸리면
어머니 입가에는 함박꽃 피고
아버지 마음에도 봄 햇살 있네.

파도와 마주치던 정월 열나흘
함박꽃 봄 햇살 부푼 마음을
해일호 그물 안고 떠나버렸네.

가신 길 2

달과 은하수
그리고
하늘을 이불삼아

배와 그물 손질로
바다에서 힘든 세월
한 평생 여기시며 살다 가신

끝내 어머니 아버지
함께 잡은 손 놓지 못하고
떠나가신 수중 황천길

내일은
정월대보름
새벽 뱃일 나서시는 모습 선하다.

고난과 한을 안고

달과 별
그리고
바다
그물과 배를 품고

언제 한번 오시려나
꿈길에라도…

막재* 날에

혼백과 영정 사진
영가 단에 자리 하니

두 손 모음 마음으로
극락왕생 내생해탈

미어지는 소원발원
불단 향한 청정 불경

연꽃 등불 환해지고
향 촛대에 피어나는

법당가득 목탁소리
재자* 가슴 맑아오네.

이승에 남은 한
소대* 위에 올려놓고

반야용선* 깨침 실어
허공으로 올라가니

열리는 극락세계
열리옵소서 극락세계.

* 막재 : 영가(靈駕)가 돌아가신 날로부터 7일마다 한번씩 7번 재를 올리는데 그 일곱 번째 재
* 재자 : 재를 올리러 온 사람.
* 소대 : 재(齋)를 지내고 난 후에 옷가지, 작은 깃발, 위패 따위를 불사르는 곳.
* 반야용선 : 반야선에서 비롯된다. 반야선은 중생이 생사의 윤회를 벗어나 정각(正覺)에 이를 수 있게 하는 반야(般若)를 차안(此岸)의 중생이 생사고해를 건너 피안(彼岸)의 정토에 이르기 위해 타고 가는 배에 비유한 것이다.

병원 가는 날

중학교 졸업하고
완행열차 타고 서울 취업 가던 날.
친구들이 준 사탕
달지만 씁쓰레한 맛

이번 수서행 첫 열차 타던 날
타고 싶은 마음도
가고 싶지 않은 곳
허나, 갈 수밖에 없는 곳

되돌아보니
50년의 아쉬운 날들
살면서 지어온 업들이
동지 하늘에 둥둥 떠다니고…

아! 신장암
수술과 입원 하러 가는데
조린 마음도 커지만,
회한과 함께 담담하기만 하네…

늘 기대하듯
좋은 인연들과
가지 못한 수학여행
가야만 하는 수학여행
더불어 함께 열차 타고 갈 수 있으려나?

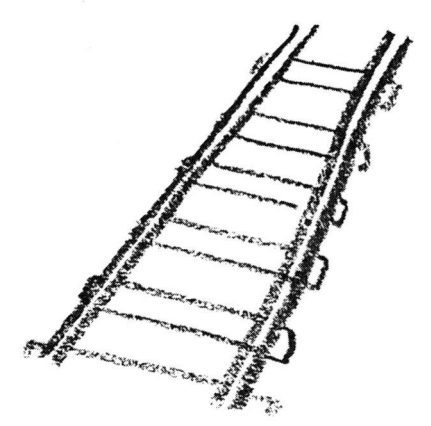

무지개

부산항 등대로 노 저어갈 때
노 위에 붙여 놓은 깨알 같은 글씨들
밀고 당기며 외우고 또 외우고

질통* 메고 오르는 계단 끝 바라보며
해바라기처럼 웃을 날
간절하게 소망하며 다시 외우고

소망하던 그날이 이루어졌던 날
용암처럼 붉은 눈물 솟구쳐 올랐지

푸른 하늘 피어 난 무지개처럼
내 인생의 무지개가 활짝 펼쳤지.

* 질통 : 건축 현장에서 나무로 만들어서 모래, 자갈을 담아 이동하는 데 쓰는 통

소록도 통곡

25세 청춘으로 단종대에 누워
어머니 소망을 그리워하며
아픔과 고통으로
죽음을 넘나들고

죄 없는 슬픈 호소
작은 사슴 기억하니
감금실의 분노를
믿음으로 감내하고

그대들의 恨
소록도 마지막 통곡되어
치유와 평화의 천국에서
거룩한 삶, 영원한 삶을 누리소서.

* 친구들과 남도 여행길에서 소록도 해설가의 안내를 듣고 눈물을 가득 흘린 순간.

소록도의 恨

수탄 길*의 양편에
늘어선 아이와 부모

한 걸음 한 팔이면
안아볼 수 있었건만

일본 순사 총칼 아래 팔다리가 잘려질까?
피눈물로 찢어지는 한 맺힌 가슴

푸른 바다 길섶 틈에
통곡 서린 소록도 길.

---

* 수탄길: 수탄장(愁嘆場) 나병으로 격리된 자식들을 두 줄로 마주 서서 매달 한 번씩 만났던 곳. "바람따라 감염"된다는 편견에 바람을 막고 선 부모들이 눈물 범벅이 된 자식들을 안아보기는커녕 말도 못 건넸고, 15세가 되면 사회와 영원한 이별하였다.

가을

가을은 여인의 옷맵시
취향에 맞춰 색감을 보고
재단사를 위해 몸을 내던진다.

치맛자락에 저고리에도
도심의 세련 멋 아닌
산골의 정취를 자아내고

가을은 수행자의 몸짓
풍요 속에 비움을 실천하듯
내려놓기를 우선한다.

들판에서 산사에서도
황금 물결을 잠재우고
보리수도 절 마당에 엎드린다.

가을은
잘 차려입은 여인인가?
진정 수행자인가?

아파서 한(恨)이 되어 이룰 수 밖에

野草 **林正道** 詩集

달이 익어가는 밤이 오면
그리움이 터져 나옵니다.

은하수 수놓은 새벽이면
늘 뱃일을 나서시던 아버지

빨간 고무대야를 머리에 이고
"생선 사이소" 외치고 다니시던 어머니

달빛과 함께 하는 그물질
수월하게 이끌어준 빨간 등대

만선의 염원을 아는 지
그물에 달려 있는
우럭, 놀래미, 광어, 소라, 게, 불가사리…

주린 배 채워 준
기쁨 실은 해일호
반백년이 지나 새순 돋는 오늘
아지랑이 따라 피어나는 그리움

달이 익어가는 밤이 오면
그리움이 쏟아져 나옵니다.

제3부

인생

인생 1 / 인생 2 / 그리움 / 길 1 / 영락공원에서 / 나뭇잎 인생 / 길 2
봄이 오는 길 / 나의 감사 기도 / 외계인이 본 모습 / 넋두리 / 한 더위
고백 / 보고파서 / 길 3 / 마음 1 / 봄날에 / 봄봄

인생 1

날고 싶다.
날아가고 싶다.
훨훨
높이 더 높이

머물고 싶다
석송처럼 머물고 싶다
그대로
처음 그대로

벗들아 우리 함께 날자
바위에 앉은 소나무처럼
우리
함께 살아가자.

인생 2

웃자 크게 웃자
하하하
허허허
가슴 열어 목청 높게

울자 작게 울자
소리 없이
흑흑흑
내 마음 드러나지 않게

인생사 웃고 우는
반반이라면
더 크게
더 크게 웃으면서 살자.

그리움

달이 익어가는 밤이 오면
그리움이 터져 나옵니다.

은하수 수놓은 새벽이면
늘 뱃일을 나서시던 아버지

빨간 고무대야를 머리에 이고
"생선 사이소" 외치고 다니시던 어머니

달빛과 함께 하는 그물질
수월하게 이끌어준 빨간 등대

만선의 염원을 아는 지
그물에 달려 있는
우럭, 놀래미, 광어, 소라, 게, 불가사리…

주린 배 채워 준
기쁨 실은 해일호

반백년이 지나 새순 돋는 오늘
아지랑이 따라 피어나는 그리움

달이 익어가는 밤이 오면
그리움이 쏟아져 나옵니다.

길 1

친구여!
내 친구여!
같이 길을 가세
걷기도
달리기도
때론
쉬기도 함세.

친구여!
내 친구여!
오솔길 한적한 길
굽이굽이 험한 길
오르고 오르는 힘든 길
손잡고 같이 감세.

친구여!
내 친구여!
가다가 넘어지고
정신을 잃더라도
잡은 손은 놓지 마세.

사랑하는 친구여!
이왕에 가는 길
우리 인생길
정도껏 아닌
正道로 가 봄세.

영락공원에서

사연 실은 차량들의 행렬
맞이하는 앙상한 나무들
차량 문이 열릴 때면

흐느끼는 눈물
절규하는 울음바다
보내는 이들의 찢어지는 통곡

다하지 못한 마음인가?
피지 못한 안타까움인가?
생사의 기로에 선 마지막 이별

애닲은 부르짖음
못 다한 말
이제 더는 전할 길 없어
허공만 바라보며 눈물짓는다.

나뭇잎 인생

푸러럼이 어우러진 미리내 터
맑은 물 돌 사이로 졸졸졸 노래하면
휘파람 소리 안고

물 위에 기대 누운 나뭇잎 하나
하늘 보며 빙그레 웃으며
길을 나서네.

잘 가라는 단풍나무의 손짓도
대나무의 울음소리도 듣지 못한 채
청춘들의 함성마저 뒤로 하고서

쏴르르 쏴 ~ 아 촤 알 촥
웅덩이 속으로 떨어져
빙그르르 맴돌고 있네.

어서 훌훌 털고 나와서
유유자적
가던 길 그대로 그대로 가시라.

길 2

내가 바라본 길은 바다였다.
쳐다본 길은 등대였고
걸어온 길은 비탈길이었지만
걸어갈 길은 오솔길이다.

봄이 오는 길

한잔 술에 동백꽃 빨갛게 익어가면
두잔 술에 목련화 하얗게 물들고 있네.
석잔 술에 벚나무 아가 손처럼 모으며
넉잔 술에 향나무 친구처럼 변함 없네.
다섯잔 술에 종달새도 찾아 와 봄노래 하면
여섯잔 술에 까치도 같이 와 합창을 하네.
일곱잔 술에 벌떡 일어나 봄 마중 나서려니
봄비 맞으며 그리운 님이 날 찾아오시네.

나의 감사 기도

간혹
감사의 기도를 올리곤 했지만,
이제는 매일 눈을 뜨면
감사의 기도를 올리려고 합니다.

먼저 어머니 아버지 보다
오래 살 수 있는 건강을 주셔서
감사합니다.

조건과 환경이 불리해도
땀으로 배양하면
뜻을 이룰 수 있다는 용기를 주셔서
감사합니다.

어린 시절 굴곡 있는 삶에도
겉으로는 골목길 잡초처럼
속으로는 태산 같은 마음으로
살아갈 수 있는 힘을 주셔서
감사합니다.

어머니 아버지의 손자들이
자신의 역할을 잘하면서
화목한 가정을 꾸려가도록 도와주셔서
감사합니다.

증 손주들 여섯
튼튼하고 지혜롭게 커가도록 지켜주셔서
감사합니다.

이제,
욕심이 하나 생겼습니다
당신의 손주와 증 손주들과
좀 더 있다가 곁에 가고 싶습니다.
이 모두를 감사합니다.

외계인이 본 모습

두 팔 펴고 하품하는
지구의 일상을 본다.

푸러런 바람에 벗잎들 재잘거리고
새들도 까르르 장단 맞춰 노래하고

앙증맞은 다육 식물들 고개를 내밀며
선인장 꽃대도 빙그레 웃는구나.

그런데 조금 이상하다.
예전처럼 거리엔 인간들이 보이지 않고
언제부터인가 사각 천을 입에다 달고 다니며

하얀 천막 앞에 줄을 길게 서기도 하고
코와 입에 막대 봉을 넣었다 뺐다를 반복 하는구나

삐뽀 삐뽀 구급차
사람 왕래 많던 시장보다 더 많이
급히도 왔다 갔다 하는구나.

뭔 일이 있나?
참 이상도 하다.
자주 와 봐야겠다.

넋두리

그 시인은
참 쉽게도 시를 쓴다.

곁에 있는
평이한 단어로
맑은 울림을 준다.

자연스런 흐름 속에
무언가를 떠오르게 하고
의미도 알듯하다.

나도
그런 시를 쓰고 싶다
그런 시인을 닮고 싶다.

그 길이 멀기는 하지만...

한 더위

하늘도
힘겹게 바다로 떨어지니
바다 속 하늘 여행
분주하기만 하고

봉래산 할매도
아치섬 자락에
모시 적삼 내 던지고
한더위를 피하느라 허리마저 웅크리고

용두산 타워도
부산항 한가운데서
먹다 버린 아이스크림 막대기마냥
휘 휘 휘 내 저으며 웃기만 하는데

오가는 배들만
더위에 아우성치듯
흰 등대 빨간 등대
내려치며 얼음 바다를 찾아 가는구나!

고백

꿈 많은 청년의 당찬 포부에
배려와 격려라고 성원했지요.
당신이 오늘의 나를 만들어 왔지요.

한 계단 두 계단을 올라서면서
꿈 하나씩을 이루어 온 40 년 세월
당신의 응원이 큰 힘 되었지요.

몇 구비 돌아서 올라 선 정상

배움과 가르침을 함께 했던 장년
당신의 희생이 나를 있게 했지요

지난 날 이루어 온 아름다운 결실은
모두 다 당신이 이룬 것이지요.
이 노년 인생길이 다하는 그날까지
당신에게 보답하며 살아가리다.

보고파서

흐르는 강물 따라
하얗게 피어나는 물결
아픈 세월 잠겨 울고

끝없는 둑길 위에
긴 가지 흔들며
손짓하는 수양버들

강 건너 산 능선
감잎 물든 시골집
붉은 노을 머물 때

놓아버린 닻줄
언제 한번 올릴 수 있으려나.

길 3

우리
왔던 길 그대로
또 가 보자.

우리
같은 길
같이 가 보자.

우리
마주 잡은 손
꼭 쥐고
끝까지 가 보자

무지개 빛 찬란할
그 날을
그 날을 향해…

마음 1

마음에 담아 놓은
파아란 하늘과

청정한 바다에
사랑의 흔적

평온과 행복을
가득 가득
수놓아 가리다.

봄날에

새싹을 틔우는 단비
얼마나 반가운지

벚나무에 내리는 꽃비
얼마나 이쁜지

두발로 걸어 다니니
얼마나 감사한지

이 모두를
눈으로 보고 귀로 들으니
얼마나 행복한지

봄봄

부르자
봄맞이 노래

일어나자
달려가자
봄날의 축제

느끼자
바라보자
생명의 환희

부르자 일어나자
달려가자 느끼자

늘

봄과 같은 당신과
함께

아파서 한恨이 되어 이룰 수 밖에

野草 **林正道** 詩集

나 이제 잡초 되어 살리라

너른 자갈 마당 대웅전
부처님 바라보는
자갈 틈에라도 자리하여

스님의 청아한 독경소리
산사를 울리는 명상곡 들으며
수행승처럼

폭염 있는 날에도
눈 내리는 날에도
태풍 오는 날에도

늦봄 햇살 아래인 양

365일 하루같이
그 자리에서
용맹정진 하리라.

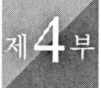

제4부

잡초

잡초 / 어울리지 않는 사람 / 공부 / 들풀 / 마음 2 / 병실의 아픔 / 나는
문득 / 화두 / 길 4 / 잡초야 / 희망 / 석양 1 / 석양 2 / 여행길
절 바다 / 잡초들 / 회상 / 돌파의 하루 / 걸어온 길

잡초

나 이제 잡초 되어 살리라

너른 자갈 마당 대웅전
부처님 바라보는
자갈 틈에라도 자리하여

스님의 청아한 독경소리
산사를 울리는 명상곡 들으며
수행승처럼

폭염 있는 날에도
눈 내리는 날에도
태풍 오는 날에도

늦봄 햇살 아래인 양

365일 하루같이
그 자리에서
용맹정진 하리라.

공부

"개똥밭에 뒹굴어도 이승이 낫다" 하였던가
은퇴하고 살아보니
사는 것이 감사하다.

숨을 쉬는 그날까지
채우며 살고 싶다.

지금까지 해왔던
생존을 위한 공부보다
나를 갈고 닦아 가꾸고 비우는
공부를 하고 싶다.

어차피
다 배우고 가지는 못하는 인생일 망정
원하는 배움 하고픈 공부를
원 없이 한 없이 배워 보고 싶다.

후회하지 않을 만큼
진정 죽도록…

어울리지 않는 사람

하늘을 바라보며
함박웃음 날려 주는
해바라기

나눔을 알기에 제 몸을 날려 보내
채움을 아는
민들레

비움을 알기에
정으로 이어가는
불두화

낮춤을 알고
감사를 실천하는
할미꽃

밟히고 밟혀도 간절함을 알기에
미소 짓는
돌계단

두드리고 때리는 '정'에 맞고 맞아
절을 받는
돌부처

살아가는 인생길
함께 가는 우리

들풀

차디찬 새벽

누가 밟았는지
노오란 꽃봉오리가 찢겨져 울고 있구나.

바람에 시린 몸뚱아리
터져서 땅바닥에 엉켜 붙어서
아픔에 뒹굴며
누군가를 애타게 기다리고 있구나.

따뜻한 봄날 그날이 오면
아지랑이와 함께 하늘로 하늘로

고운 친구와 함께
오를 날을
너처럼
너처럼 그리워해 보리라.

마음 2

낙엽들이 파도 되어
추억 몰고 거리를 출렁이고

울긋불긋 내리는 비
힘들게 내려 앉으면

나무는 하나 두울
무거운 짐을 내려놓는다.

이 날들이 지나면
앙상한 뼈들만 휑하니 남아
새순 돋아나는 날은 기약하리라.

두꺼운 옷으로
단장하기 분주한 사람들도
새순 돋아나는 새날을
기약할 수 있었으면…

병실의 아픔

병실
창가에서 바라보는
하얀 구름
세월 따라 휑휑 달려서 가고

소시적 고기잡이 배위에서
쌍무지개 보던 날
그 가버린 시간들이여…

할아버지 그물 던지시고
아버지 허리 휘도록 고기그물 거두시던
그 추억들 추억들이 어제의 일들로
하나둘씩 피어난다.

나,
다시 이 병실을 나가서
사랑하는 제자들에게
사랑의 그물 던지는 법을 전할 수 있을까.

새로운 추억을 만들어갈 수 있을까.
새로운 추억을…

나는

누군가가
나를 기억해 주는 이가 있다는 건
참으로 고마운 일이다.

누군가가
나를 걱정해 주는 이가 있다는 것은
참으로 행복한 일이다.

누군가에게서
나는

기억하고픈 사람일까?
걱정해주고픈 사람일까?

나는…

문득

문득,
잘못 살고 있다는 느낌으로
그렇게 살았으면 좋겠다.

늘,
사는 게 힘들다고 여기면서
그렇게 살았으면 좋겠다.

들풀처럼 살았으면 좋겠다.

부럽기만 하다.

산도 바다도
주어진 대로 있는 것처럼

주어진 대로
있는 그대로

그냥 그대로
살았으면 좋겠다.

화두

착 봐도 안다
척 보면 드러난다.

요리조리 보이면
모두 다 바닥이 드러난다.

딸거락 딸거락
빈 깡통인 것을…

언제
채울건가?

타짜 정도야!
초짜 스님이여!

길 4

세월 속에서
벗들을 만나서
만남과 배움의 기쁨 알았다.

한 걸음 한 걸음을
내딛는 벗들과 나의 성장에
희열과 자부심을 가지기도 했다.

가야할 언덕길을 오르면서
밀어주고 당겨주며
아픔도 웃음도 함께 했다.

한 우물 한 가르침 안에서
배움과 깨달음을 서로 나눈 인연들

더 배려하지 못한 아쉬움에
더 사랑하지 못한 속 좁음에
용서를 비는 마음으로
문우들의 앞길이 찬란한 무지개로 빛나기를
소망, 그리고 또 소망한다.

잡초야

아무도 살지 않는
메마른 들판
푸르디 푸른
이름 모를 잡초 세상

부는 대로 흔들리고
치는 대로 넘어지며

밟히면 푸른 하늘 바라보고
찢기우면 정겨운 흙 내음
가슴에 파고들 때

뼛속까지의 아픔도
온 몸에 흐르는 자주 빛 꽃물도
찬 서리로 달래다가

날아 든 아침햇살에
맺힌 서러움, 서러움을 달래려
영롱한 눈물, 눈물…

무지개 되어 하늘로 하늘로…

희망

지난날 벽 안에서
칩거한 오랜 세월

갈 길 몰라 헤매고
흘러간 나날들…

다가올 날
이 세상에서

돛대에 돛을 달고
닻을 실어

푸른 창공 이불삼아
돛단배 띄워 띄워서 가리라.

석양 1

옅은 주황으로
수놓은 단풍 사이사이
그리운 추억들이 일어나고

물결 위를 덮은
노을자리는
당겨보고 끌어 봐도 흘러만 가네.

언제 다시 만나려나 물어 보아도
미소로 손짓하며
강물 속으로 사라지네.

눈가에 어리는 미어짐은
석양 길 따라 서 있는
버드나무에 맺히고

가슴에 응어리도
검붉은 구름처럼
짙게 물들어 가는구나!

석양 2

낙동강
저 건너 저녁노을

분홍신 갈아 신고
님 찾으러 달려가고

물든 볼
감추느라 하얀 분 바르면

산허리 둘러 앉아
손짓하는 구름이 아쉬워

넘어 가는 발걸음
뒤돌아 멈추고

붉은 눈시울 감추려
구름 뒤로 숨는구나.

여행길

모서리 닳고 찢어진
빛바랜 사진

아버지 환갑에 처음 나선 제주도
다정하게 말 타시는 하얀 미소
푸른 초원 소용돌이 치며 달려온다.

이듬해 정월
보름맞이 떠나셨던 그물일
다시 못 돌아오실 바다 여행길
얼마나 고통스러우셨을까?

서로 손 잡으려고 뻗은 팔
굽히지 못하시고
두 분은
그렇게 떠나셨다…

그 바다 그 바다
지금까지도 흔들리고 있다.

절 바다

새벽 별 바다
배시시 아가 배냇짓 시간

쇠사슬에 묶여 헤엄치는 木漁
닻이 된 범종
영가 단 촛불 어지럽게 헤매일 때
번뇌 망상 떨치려고 목탁 소리 파도치면

펼쳐진 푸른 바다
철갑 조각된 생선 이고
어린 새끼 살리려 골목 누비며
목이 쉰 아낙네도

한평생 피를 뽑아
경구들의 거미줄을 거두던
농부의 거친 숨소리도
도리깨질 하던 앙칼진 목소리도

희고 붉은 반야용선 타고
세찬 파도 잔잔하게 어루만지며
하염없이 노 저어 가네.
차안에서 피안으로

此岸에서 彼岸으로…

잡초들

들길 섶 이름 없는
잡초 숲
내 딛는 걸음에
밟혀 진 몸뚱이

더미에 누워
하늘 바라보니
푸른 꿈
다가와 속삭이고

또 다시 올라선
바위들의 행진
찢기우고 터저도

흙이 우는 향기
온 몸으로 파고들면
하얀 구름 품고 품어
설 수 밖에 없는 그대.

그대로 이루소서
이 가을처럼…

회상

세월을 삼킨
해송들 사이로
불어오는 흰 물결 안고서
먼 기억들을 싣고 오면

어린 친구들이
다대포 모래를 날리며
하얀 이를 드러내고
나에게로 내 곁으로 달려오고

낙조를 기다리는
몰운대 오리
지친 몸을 이끌고
바다로 바다로 가고파 하는구나.

돌파의 하루

어쩌면 부끄러운 삶이요
내세울 삶은 못될지라도
어쩌면 나의 자랑스런 삶,
행복한 삶이었기에
여기에 나의 어린 시절
하루의 삶을 기록해본다.

오후 학교 수업 끝나면
좌천동에서 문현동까지 걷기,
신문 챙기기
23번 26번 25번 34번 51번 버스 안
국제 부산일보 10원
외치다 해거름이 되면,
적기뱃머리 선착장으로 달려가
장어 미끼로 쓸 담치 부수기
통발에 넣기
빨간 등대 주변까지 노 저어 가기
통발 놓기
30분 동안 휴식 쪽잠 자기,
담치 부수기
통발 당기기
뱀장어 물관과 곰장어 때기장에

미끼 담치 통발에 넣고
통발 던지고, 건지기를
8번에서 10번을 반복하고
흘러가는 달 보기
추우면 떨기
채워진 행복
여명 보며 돌아온 뱃머리
우암동 철길 따라 문현동도착
아침 시작
대성극장 아래 골목
신문 지국, 신문 챙기기
문현동, 범일동 골목 누비기
소막골 집 도착
골목 하수구가 우물 세수
가방 챙겨 철길 따라 학교 가기
수업에 집중하려나
눈꺼풀은 천근만근
교탁으로 집중하다
졸다가 자기도
선생님의 배려로 매맞지 않고
교실 뒤에서 서서 가물가물
점심시간 친구들 눈 피해

수돗가에서 물배 채우고
철봉으로 달려가나
철봉도 출렁출렁
오후 수업 버티다
또 다시 시작하는
다람쥐 쳇바퀴
하루가 다시 시작 되었었지

이 글은 글도 아니고 시도 아니라오.
못난이의 눈물이고 피이오니
눈을 감고 읽어서 상상이나 하여주소.

걸어온 길

벼랑 끝에 달린 겨울을 이겨낸 봄날
집 앞 푸러럼을 간직한 향나무 사이로
따스한 햇살 품은 아침을 맞이한 오늘
나는 대견합니다.

포근한 하늘 보며
지난 날을 회상하는 이 순간
힘든 날들 이겨내며 걸어 온 세월이기에
나는 대견합니다.

탱탱 부는 겨울 바다 바람 안고 먼 등대 바라보며
노 저어저어 땀으로 얼굴 훔치면서 부표를 건지면
올리는 통발 줄에 힘이 겨워도 버텨온 나이기에
나는 대견합니다.

연탄 실은 리어카를 끌고 밀던 초·중등 시절
옆구리에서 흘러내리는 신문을 움켜 안고 달리던
새벽 골목길
몸보다 큰 원단을 둘이서 한조 되어 달리던
봉제공장 노가다를 극복한
나는 대견합니다.

고교시절을 뒤로하고 시작한 하루 12시간
학습지 배달맨 생활
헉헉거리며 질통 메고 오르던 아파트 공사판
천정에 쪽지를 못으로 박아두고 외우고 외우길
4년의 결실에
나는 대견합니다.

육체적 고통이 정지되던 날
울음으로 선물 받은 공무원 시작
더 큰 나무가 되고자 6년으로 마무리한
나는 대견합니다.

한 맺힌 배움터를 찾아간 방송통신고
쉬지 않고 걸어온 배움의 등산길 꼭대기
그 길 위에는 가르침과 배움이 같이 있어서
나는 행복합니다.

어린 들풀의 울타리 되어 주고
친구들의 언어와 몸짓을 따라한 50년 세월
작은 스승들이 동반자로 함께해 준 날들이기에
나는 이제 행복합니다.

황령사 법당 앞 목련 꽃봉오리
투명 숙우熟盂에 안겨 노오란 봄물을 뿜어내면
60년 지기 스님과 다 잔을 나누는
나는 지금 정말 행복합니다.

세파를 헤쳐 찾아온 지금, 여기 이 순간의 속삭임
'힘들었지' '잘했어' 이젠 됐어' 말해주고 있기에
푸러럼을 잃지 않는 소나무로 가꾸어 갈 수 있어
나는 더없이 행복합니다.

추천사

하 상 규
문학박사, 시인

　먼저 임정도 시인의 시집 '아파서 한恨이 되어 이룰 수밖에'의 출간을 축하드린다. 또한, 찬사를 드린다.
　필자가 임정도 시인을 알게 된 것은, 시인과 '시詩 학습'이라는 장에서 만나, 같이 시를 갈고 닦아오게 됨으로써이고, 기간은 2년도 채 못 되는 짧은 시간이었다. 이렇게 짧은 기간이었지만, 시인의 시를 접하면서 임정도 시인의 삶과 정신 그리고 성장과 성품을 다소나마 알 수 있었다.
　임정도 시인은 시를 학습하려고 학습의 장을 찾아오기 전에 자신의 남다른 열정적인 삶의 과정에서 고비고비 축적된 벅찬 감정들을 시로 토로해오곤 했던 분이었다. 시인은 간간이 자신의 삶을 시로 써왔지만, 자신의 시에 이론과 방법론을 학습하여 자신의 시를 더욱 살찌우고 윤택하게 하고자 학습의 장을 찾아오신 분이었다. 시인은 시를 학습하면서, 시인 특유의 치열한 삶의 자세·실천력과 정신력을 발휘하였다. 그래서 시 이론 학습과 습작에 놀라울 정도로 남다른 노력을 보여주었다.
　임정도 시인은 '아파서 한恨이 되어 이룰 수밖에' 라는 이 한 권의 시집에 자신의 삶, 자신의 인생, 자신의 정신 곧 자신 모두를 감춤 없이 담아내고 있다.
　임정도 시인은 실로 입지전立志傳적인 삶을 살아온 분이라는 수식어로는 다 담기가 어려운 입지전 중의 입지전적인 삶을 살아온 분이다. 그리고 지금도 그렇게 살아가고 있는 분이다.

참으로 예사롭지 않은 삶이고, 따르기 어려운 삶이고, 아름다운 삶이고 격이 있는 삶, 귀감이 되는 삶이다.

시인의 시에는 이런 시인의 삶이 고스란히 우르나 있다. 그래서 시인의 시는 감동이 있고, 공감이 있고, 사색하게 하고, 슬퍼하게 하고 위로를 주고, 교훈을 주어서 많은 것을 얻게 하는 시이다.

시인은 거제도 둔덕서 태어나 부산 우암동에서 가난한 어부의 아들로 성장해 왔다. 어린 나이로, 배를 타고 고기잡이를 하시는 아버지를 돕기도 했고, 해조류 행상을 하시는 어머니를 도와 밤을 새우면서 조개를 까는 작업을 하기도 하면서 어렵게 자랐다. 집안이 가난해서 정상적인 교육과정을 밟지 못하고 방송통신고, 물리치료를 전공하고 보건학사를 거치면서 학업을 닦았고, 늦게서야 석사, 보건학 박사과정을 거쳐서 대학교수로 강단을 밟을 수 있었다.

이런 어려운 삶 속에서도 꿈을 가졌고, 그 꿈을 이루기 위해서는 갖은 고생을 마다하지 않았다. 신문 배달에 신문팔이며 공장노동에 건설공사판 노역자를 자임하면서도 학업을 놓지 않았고 힘든 시련 속에서도 정진하였다. 중학교 졸업자로 마침내 공무원이 되는 한을 이루었다. 여기에 만족하지 아니하고 학업을 계속하여 물리치료사로 병원경영책임자로 일하면서도 석·박사 학위를 취득하였고, 병원경영컨설턴트로 활동하기도 했다. 이어서 다양한 경력과 학적 성과를 이루어서 대학교 교수직에 이르는 인생 성공의 정점을 찍었다. 실로 입지전 중의 입지전적인 삶을 살아온 분이라고 아니할 수가 없다.

이런 성취한 삶을 뒤로하고 2021년 8월에 퇴임하였다. 퇴임 전까지 가장 보람된 일은 교수 시작에서 퇴임 전까지 학생들과 국내 봉사활동과 매년 베트남 의료 및 노력 봉사활동을 한 일이라고 한다. 그런데 여기에 이르기까지 자신의 몸을 돌보지 않으면서 오랫동안 막노동도 마다하지 않았던 후유증 때문이었는지, 세상 사람들 모두가 두려워하는 병을 얻어서 치료를 받아야 하는 고통을 겪기도 하였다. 이 시련에서도 시인은 특유의 강인한 정신력으로 병고를 극복하고 제2의 인생을 구가하고 있다.

병고를 치르고 난 뒤에도 멈추지 아니하고 자기 계발과 발전을 위해 저돌적인 노력을 계속하고 있다. 시인의 시에서 드러나듯, 시인은 지금까지 성공 출세를 위한 공부를 해왔다면서, 앞으로는 삶을 다할 때까지 원 없이, 자신의 내면을 채우는 공부을 하겠다고 했다. 그 목적으로 '시 창작법 공부와 시 창작 활동'을 하는 것이라고 했다. 이처럼 시인은 지금도 다양한 학습과 연구를 하면서 자신의 삶의 충일을 위해 최선을 다하고 있다.

임정도 시인은 입지전적인 분, 강인한 분이면서도 아울러 덕장이라고 할 인품을 지니신 분이었다. 다양한 인생체험을 겪으면서 꿈을 성취해오는 과정에서 덕을 축적해 온 그릇이 큰 사람이었다. 사소한 일에 연연하거나 감정에 치우치는 나약한 모습을 보이지 않았다. 온화하고 겸손하면서도 다정다감하며 밝고 유머가 있는 분이었다. 학습 중에 보여준 모습들을 보면, 시인은 겸손한 태도와 유머러스한 친화력을 발휘하여 남녀노소 동료를 아우르고 다독이고 위로하고 베풀어서 모두를 이끌어 갔다. 그래서 동료들이 시인을 따르고 존경했다.

"시는 그 사람이다."(Philip Sidney)라고 했다. 시는 진실한 문학이다. 임정도 시인의 시에는 이런 임정도 시인이 담겨 있다. 임정도 시인은 '아파서 한恨이 되어 이룰 수밖에' 라는 이 시집에 자신을 담았다.

임정도 시인의 시에는 삶에 대한 강한 긍정과 강인한 열정이 있고, 치열한 삶이 있다. 그러면서도 다정다감하며 자상하고 따뜻하며 섬세한 정이 있다. 부모님에 대한 강한 정과 그리움 효성이 있다.

그리고 임정도 시인의 시에는, 바다에 안겨 사는 기성의 부산 시인들에게서도 찾아보기 드문, 해양문학이 있다. 그리고 깊은 불심에서 우러나온 불가의 정서가 시적 깊이를 더하고 있다.

글이 시가 되기 위해서는, 시인들의 시가 가지는 서너 가지의 유형이 있다고 하겠다. 시적 리듬이 고운 유형과 시에 담긴 정서가 곱고 아름다워 감동을 주는 유형과 시어를 묘하고 능란하게 구사하여 표현의 묘를 살린 유형과 시적 표현 기교를 창의적으로 구사하여 시적 변용을 많이 한 경우라고 할 것이다.

그런 면에서 보면 임정도 시인의 시는 첫째와 둘째 유형에 가깝다고 할 것이다. 시인의 시는 리듬이 곱고 시에 담긴 정서가 곱고 내용이 아름답고 깊이가 있어서 감동을 준다.

임정도 시인의 시를 우선 정서적인 면과 내용적인 면에서 살펴보면, 임정도 시인의 시는 일관되면서도 몇 가지 특색을 지닌 시이다. 임정도 시인의 시의 뿌리에 흐르는 깊은 정서는 '무한 긍정과 입지전적인 삶'과 '그리움'이다. 이 안에 담긴 특색으로는 남다르게 해양문학적 정서를 담고 있다는 점이고, 또 하나의 정서는 깊은 불심에서 나오는 불자로서 문학적 정서를 담고 있다는 것이다. 그리고 부모님에 대한 두터운 효성과 사모하는 정이 남다름을 본다. 이런 특성들과 함께 다정다감하고 섬세한 정서를 지녔고, 또 다른 여러 정서들을 살필 수 있다.

시인의 시에 담긴 정서를 한 가지씩 살펴보기로 한다.

먼저 시인은 어려운 가정 형편으로 인한 극심한 어려움 속에서도 성공적인 삶을 쟁취하겠다는 남다른 긍정적 정신과 강인한 의지로 굴하지 않고 보통 사람이면 이룰 수 없는 성공적인 삶을 이루어 낸 인물이다. 이러한 정신과 삶이 격정적인 어조로 표현되고 있다.

    날고 싶다.
    날아가고 싶다.
    훨훨
    높이 더 높이   - 인생, 에서 -

시인의 성공에 대한 의지와 꿈이 강렬함을 볼 수 있는 시구다.

    옆구리에 신문을 움켜 안고
    달리던 골목길,

    원단을 들고 매일 달리던
    봉제공장

    하루에도 12시간을 뛰고 또 뛰던
    학습지 배달맨

    앞에서 끌고 뒤에서 밀기도 하고
    연탄 실은 리어카 맨

    질통 메고 헉헉거리며
    고층아파트 신축 공사장 오르내리면서도

벽에는 외국어, 수학공식 쪽지를 못으로 박아 두고
외우고 또 바꾸길 여러 해…

여느 친구들처럼
교복을 입지는 못하였어도
언제나 등 뒤에 메고 있었던 가방 덕분에
한걸음 또 한걸음의 인생 계단을 오를 수가 있었지.

그날들의 힘으로
육체적 고통이 정지되는 날
울음으로 선물 받은 공무원 시작   - 세월, 일부 -

시인의 어린 시절과 청년 시절이 얼마나 어려웠는지를 극명하게 보여주는 시이다. 가난한 어부의 아들로 해조류 행상을 하는 어려운 집에 태어나서 아버지의 일과 어머니의 일을 도우면서 자랐고, 신문 배달이며 봉제공장 노동자로,
또 학습지 배달을 하기도 하고 건설 공사장에서 등짐을 저 올리면서 정규학교에 다니지 못하면서도 학업을 놓지 않았다. 그래서 마침내 막노동을 하지 않아도 되는 공무원에 이르기도 했다.

힘든 날들을 이겨내며 얻어낸 열매였지만
여기에서 그칠 수는 없었다.

한 맺힌 배움터를 찾아간 방송통신고
차라리 질통보다 더욱 힘든 늦깎이 학업
하얀 밤을 보내기가 일수였지…
이후 방송통신고를 발판 삼아
학업의 등산길을 쉬지 않고 걷고 걸어 이어나갔지.

고진감래란 말이 나에겐 오히려 합당치 않으신데도
학부, 석사, 박사 학문의 단계들을 분에 넘치도록 허락하셨고
마침내 상아탑에서 제자들을 가르치는 일까지 허락하셨다.
적기 뱃머리의 가난한 어부의 아들을
바지락 고무대야 행상 어머니의 아들을…   - 세월, 일부 -

부산항 등대로 노 저어갈 때
노 위에 붙여 놓은 깨알 같은 글씨들
밀고 당기며 외우고 또 외우고

질통 메고 오르는 계단 끝 바라보며
해바라기처럼 웃을 날
간절하게 소망하며 다시 외우고

소망하던 그 날이 이루어졌던 날
용암처럼 붉은 눈물 솟구쳐 올랐지!

푸른 하늘 피어난 무지개처럼
내 인생의 무지개가 활짝 펼쳤지.   - 무지개, 에서 -

 이 시들에서 보면, 시인은 힘든 막노동을 하면서도 자습으로 공부하여 공무원이 되었으나, 여기에 그치지 아니하고 공무원 일을 보면서도 방송통신고 졸업 후, 물리치료를 전공하고 보건학사를, 연이어 석사과정 보건학 박사과정을 마치고, 한방병원 경영책임자를 거쳐서 대학 강단에 올라 교수에 보임되었다. 실로 긍정적이고 강인한 정신을 가진 분이고 뜻을 이루고야 마는 끈질긴 실천력을 가진 분임을 보여준다.
 시인의 이런 강한 정신과 실천력은 타고난 긍정적인 정신에서 나온 것임을 보여주는 시들이 있다. 시인은 긍정의 시

인이다. 시인의 시에는 무한 긍정의 정서가 있다.

    웃자 크게 웃자
    하하하
    허허허
    가슴 열어 목청 높게

    울자 작게 울자
    소리 없이
    흑흑흑
    내 마음 드러나지 않게

    인생사 웃고 우는
    반반이라면
    더 크게
    더 크게 웃으면서 살자.   - 인생 2, 에서 -

이 시는, 시인이 대단히 긍정적인 성품을 지닌 분임을 보여주는 시들 중의 하나이다. 어려움 속에서도 "더 크게 웃으면서 살자"라고 노래한다. 실제로 시인은 늘 밝고 긍정적인 삶을 사는 분이다.

    중학교 졸업하고
    완행열차 타고 서울 취업 가던 날.
    친구들이 준 사탕
    달지만 씁쓰레한 맛

    이번 수서행 첫 열차 타던 날
    타고 싶은 마음도

가고 싶지 않은 곳
허나, 갈 수밖에 없는 곳

되돌아보니
50년의 아쉬운 날들
살면서 지어온 업들이
동지 하늘에 둥둥 떠다니고…

아! 신장암
수술과 입원 하러 가는데
조린 마음도 크지만,
회한과 함께 담담하기만 하네…　　　- 병원 가는 날, 일부 -

　이 시도 시인의 긍정적이고 강인한 정신을 보여주는 예이다. 갖은 어려움을 마다 않고 겪고 이겨서 대학 강단에 섰다. 그런데 극도로 힘든 삶을 살아온 후유증인지 안타깝게도 찾아온 신장암을 수술하러 가는 열차 안이다. 보건학 계열의 전공을 한 사람이라 그 병의 위중함을 너무나도 잘 아는 시인이었다. 그런데도 시인의 심경은 "담담하기만 하다" 강한 긍정의 힘이 아니면 예를 찾을 수 없는 긍정적 태도이다.

"개똥밭에 뒹굴어도 이승이 낫다" 하였던가?
은퇴하고 살아보니
사는 것이 감사하다.

숨을 쉬는 그날까지
채우며 살고 싶다.

지금까지 해왔던
생존을 위한 공부보다

나를 갈고 닦아 가꾸고 비우는
공부를 하고 싶다.

어차피
다 배우고 가지는 못하는 인생일 망정
원하는 배움 하고픈 공부를
원 없이 한없이 배워 보고 싶다.

후회하지 않을 만큼
진정 죽도록…　　　　　　　　- 공부, 에서 -

　시인의 긍정적이고 적극적인 천성을 보여주는 시이다. 신장암을 수술하고 회복한 시인이다. 안락하고 편안한 삶을 누리기를 원할 처지이고 나이이기도 한데 지금까지 해온 생존을 위한 곧 성공 출세를 위한 공부보다는, 내적 충실을 기하는 공부를 죽는 날까지 하고 싶다고 노래한다. 실제로 그렇게 실천하고 있다고 한다. 서예에다 교양강좌 수강에다 불교 공부, 시 창작 공부 외에 또 다른 분야의 공부를 하고 있다고 한다. 긍정을 넘어 철인鐵人이라 할 시인이다.

　임정도 시인의 시에서 귀한 점은 해양문학[1]이라고 할 것이다. 대부분 향토적 정서를 담고 있는 시들은 농촌 산촌을 배경으로 노래한 것들이다. 바다를 찾아서 바다를 접한 정서를 노래한 시들이나 바다를 비유적으로 노래한 시들은 많다. 그러나 농촌에서 나고 자란 시인이 어린 시절의 체험들과 정서를 노래한 것처럼 바닷가에서 나고 자라고 놀고 바다 일을 하면서 얻은 체험과 정서를 노래한 시인은 드문 편이다. 예

---

[1] 시인이 바다와 관련된 체험을 노래했거나 정서를 담고 있는 시들을 해양문학이라고 명명한다.

를 들어서 부산 출신 시인들은 많지만, 정지용이 고향 산천을 노래했듯 바다에서 나고 자란 정서를 노래하는 이는 적다. 이는 바다가 있는 부산에서 나고 자랐더라도 임정도 시인처럼 바닷가에서 나고 자라면서 바다에서 놀고 바닷일을 하면서 자란 시인이 드물기 때문이리라.

> 친구들과 노 젓기, 헤엄치기, 다이빙, 낚시하며 놀던
> 적기 뱃머리 바다는 세상에서 가장 큰 놀이터
> 함께 한 추억들이 바닷속에 잠들어
> 그리움의 물결로 가슴에 밀려온다.
>
> 바다는 나의, 나의 어린 시절…   - 어린 시절의 바다, 에서 -

시인은 부산의 어린 시절 바닷 마을인 적기뱃머리라는 지역 바다에서 친구들과 어울려서 물놀이 뱃놀이 고기잡이를 하면서 자랐다. 시인은 인용한 시에서처럼 어린 시절에 바다에서 놀면서 자란 추억들과 그리움을 노래하고 있다.

> 외할아버지와 그물 건지려 바다로 나가면
> 앞에서 당기고 뒤에서 노 저으며
> 흥건한 땀에도 은은한 미소가 감돌았고
>
> 아버지와 사계절의 밤을
> 건지고 던지며 통발 일로 지새워도
> 장어로 가득한 물관에는 행복이 넘실넘실
>
> 밤새도록 바지락을 까시던 곱디고운 어머니
> 손가락마다 부르트고 베이셔도
> 바다에서 바지락을 씻으실 때이면 함박웃음 물결쳤고
>   - 어린 시절의 바다, 에서 -

시인은 어린 시절부터 가난한 어부인 할아버지와 아버지 어머니를 도와 뱃일 고기잡이 일을 같이하면서 자랐음을 알 수 있다. 또 다른 시에서도 같은 체험과 정서를 노래하고 있다.

　　새벽녘 덜 깬 잠을 달래려고
　　은하수 이불 따라 골목 끝 화장실
　　볼일을 마치고 드르륵 문을 열면
　　마루에 놓인
　　어머니 가슴앓이 망상어 김칫국에
　　밥 한술 털어 넣고 나선 새벽 바다.

　　은빛 물결 가르며
　　전마선 저어 저어 먼 등대까지
　　봄날 건지러 가던 그 날들
　　탱탱 부는 겨울 바닷바람에
　　갈라진 손을 통발 줄에 버티고…　　- 그리움 1, 에서 -

시인은 부모님 일을 도우면서 힘들게 자랐으나 어느 한 곳에서도 부모님을 원망하거나 처지를 비관하거나 한 일이 없다. 이런 일로 부모님을 도우면서 자라고 어려운 환경에 처해 있었으면서도 "봄날을 건지러 가던 그날들"이라고 노래했듯 항상 꿈과 희망을 놓지 않았다.

　　태~~ 엥 ~~탱
　　테 ~ 에 ~ㅇ ~ 탱 탱

　　가야금 울리듯
　　겨울 바다 바람 소리 안고
　　펄쩍펄쩍 장어들의 배 위 몸부림

시뻘건 핏물 머금은 손가락들
아가리 벌려 울부짖어도
동이 틀 때면 아물어 가고

으~~~윽 신음하는 육신도
아침 햇살 맞으며 잠들어 갈 때
가야금 소리도 점점 더 멀어져 가네.

태~~ 엥 ~~탱
테 ~ 에 ~ㅇ~ 탱 탱   - 겨울바다, 에서 -

  이 시는 단순한 회상이나 체험의 나열과 그리움을 넘어 형태주의적 표현을 하기도 하고 의성법을 써서 음악성을 살리는 등 시적 변용을 한 해양시(해양문학)라 할 것이다.
  이렇게 시인의 시에는, 바다를 가까이하면서 살아도 바다의 삶을 노래하지 못한 다른 시인들과는 달리, 바다에서 나고 자라고 일한 체험과 정서를 섬세하게 노래한 시들이 많다. 필자는 이들을 해양문학(해양시)이라고 명명한다.

  시인은 지극한 효성을 지닌 효자이다. 이런 시인의 효성을 보여주는 시들이 많다. 그래서 부모님에 대한 그리움을 노래한 시들이 많고 감동을 준다.

'정도야' 부르시면
슬그머니 내려와
힘드신 아버지의 팔다리를 주물러드렸고
새벽녘까지 한국동란 이야기와 군가를 부르시던
아버지는
그래도 되는 줄 알았습니다.   - 아버지의 일상, 에서 -

가난하고 힘든 생활을 하시는 아버지께서 삶의 애환을 달래시려고 약주라도 하신 날이면, 취흥을 주정 부리듯 하시더라도 시인은 어린 나이에도 불평을 하지 않고, 아버지의 심정을 이해한 듯 밤늦게까지 팔다리를 주물러드린 효자였다.

    외할아버지와 그물 건지려 바다로 나가면
    앞에서 당기고 뒤에서 노 저며
    흥건한 땀에도 은은한 미소가 감돌았고

    아버지와 사계절의 밤을
    건지고 던지며 통발 일로 지새워도
    장어로 가득한 물관에는 행복이 넘실넘실
                        - 어린 시절의 바다, 에서 -

어린 나이에도 외할아버지를 도와 고기잡이 일을 돕기도 하고 아버지를 도와서 밤을 새우면서까지 아버지의 바닷일을 도우면서 자랐다. 고등학교에 진학을 못 하면서도 집안일을 돕는 효자였다. 어쩌면 임정도 시인의 성공을 위한 피눈물 나는 노력도, 부모님의 한을 풀어 드리려는 효성에서 나온 것이었으리라.

    한 겨울
    빨간 고무 대야
    방 가운데 자리하여
    바지락 까느라 식구들 둘러 앉아
    한 자루 두 자루 비워져 가고

    별들도 깊은 잠에 빠져들 때면
    출렁거리는 칼에 손가락은 피눈물을 흘리고
    놀란 가슴 청 걸레로 동여매고

새벽 닭 울음소리에
　　깐 바지락을 이시고

　　붉게 익은 눈물도 어디로 날리시는지
　　골목길 돌아 뱃머리로
　　씻으러 달리시던 어머니.　　　- 어머니의 빨간 대야, 에서 -

　밤새워서 바지락을 까시는 어머니를 도와서 손에 피가 나도록 바지락을 까면서 자랐다. 깐 바지락을 이시고 행상을 하시던 어머니의 고통을 마음 아파하면서 자랐다. 타고난 효성을 지닌 효자였음을 알 수 있다.

　이렇게 고생만 하시다가 안타깝게도 임정도 시인이 34살이던 해(1991년)에 부모님 내외분이 생계를 위해 바다에서 조업하시다가 해난사고로 아끼시던 배와 함께 한날한시에 돌아가셨고(부산항 곳곳에 시신을 찾아다니다가 10일 후에야 두 분의 시신을 수습하여 모셨다고 한다.) 이런 한스러운 일로 부모님을 여의어서인지 부모님을 그리워하는 시가 많다. 독자들을 울릴 것이다.

　　모두가 잠든 겨울 새벽에
　　어제 남은 국과 보리밥 한술로
　　365일 거르지 않고 바다일 나서시는
　　아버지는
　　그래도 되는 줄 알았습니다.

　　적기뱃머리에서 빨간 등대 흰 등대 너머까지
　　전날에 쳐 놓은 그물 찾아 '오늘은 좀 잡히려나'
　　늘 작은 바램으로 올리시던
　　아버지는

그래도 되는 줄 알았습니다.

해가 중천에 오를 때면 선착장에 풀어 놓고
석양 안고 온종일 손질한 그물들을 싣고
부산항 내·외항을 노, 노를 저어 다니시던
아버지는
그래도 되는 줄 알았습니다.

어둠 깔린 포구로 돌아오시면 물간에 둔 소주병
힘든 하루 달래시다 거나하게 취하시면
고함인지 노래인지 알 수 없는 함성을 지르시던
아버지는
그래도 되는 줄 알았습니다.   - 아버지의 일상, 에서 -

풍수지탄이라고 할까. 시인이 피눈물 나는 노력 끝에 성공을 쟁취하고 보니 부모님은 이 세상에 계시지 않으셨다. 이 시는 아버지의 한 많은 삶을 안타까워하고 있다. 역시 어머니의 희생적인 삶을 안타까워하는 시들도 많다. 효자이다.

달과 은하수
그리고
하늘을 이불 삼아

배와 그물 손질로
바다에서 힘든 세월
한 평생 여기시며 살다 가신

끝내 어머니 아버지
함께 잡은 손 놓지 못하고
떠나가신 수중 황천길

내일은
정월대보름
새벽 뱃일 나서시는 모습 선하다.

고난과 한을 안고

달과 별
그리고
바다
그물과 배를 품고

언제 한번 오시려나
꿈길에라도…   - 가신 길 2, 에서 -

부모님을 그리워하는 정이 곡진하다. 정월대보름은 아버지 어머니 두 분의 제삿날이다. 두 분이 같은 날 고기잡이하시던 배(해일호)와 함께 풍랑을 맞아서 돌아가셨던 날이다. 시인의 나이 34세일 때이고, 당시 시인은 6남매 중 장남이었다. 돌아가신지 열흘이나 지난 뒤에 시신을 겨우 찾아 부모를 한 날한시에 장례를 치른 자식의 슬픔과 한이 얼마나 컸겠는가? 어려운 가정 형편과 아직도 세상에서 자리 잡지 못한 6남매의 맏이의 심정이 오죽했겠는가? 부모님을 그리워하는 까닭이 여기에 있다.

여행에서 찍은 사진이
아버님 어머님 회갑년에 제주도에서
찍으셨던 모습과 흡사합니다.

'참 젊으셨는데'…
이듬해 정월 열나흘

찬 바람 몹시 불던 날
코 끝도 손 끝도 유난히 시렸던 날
배에 실은 그물이랑 잡은 고기들과 함께
바다 품으로 훌쩍 떠나셨지요.

오! 아버지 어머니
가신 지 어언 33 년
소식 한번을 주시 않으시는 아버지 어머니!

이제는 수궁에서 만난 인연들과
좋은 시간을 보내시는지요?
자식 걱정, 세상 걱정 모두 잊으시고
편히 계시는지요?

오늘 밤이 아버님 어머님 기일
자손들이 고개 숙여 잔을 올립니다.

아버님의 콧소리 타령과
어머님의 새벽 행상 피맺힌 소리를
언제 다시 들을 수 있으리오?
다시 들을 수 있으리오?   - 사진 한 장, 에서 -

 33년 전에 해양 조난사고로 세상을 떠나신 부모님의 기일을 맞아서, 생전의 부모님 사진을 보면서 부모님을 그리워하고 있다. 34세에 양친을 어선 침몰 사고로 동시에 사별하는 통한의 고통을 당하고도 이에 굴하지 않고 6남매의 장남으로서 혼인도 하고, 아우들을 돌보아서, 아우들을 공부도 시키고, 성가도 다 시켰으며, 자신은 대학교수가 되어서 부모님의 한을 다 풀어드린 후에 제사상에 절을 올리는 시인이다. 장남으로서 부모님께서 하실 일까지를 모두 다하고 입신출세하여 부모님을 현저히 하는 자식의 도리를 다한 임정도 시인이다. 참 그리움이다.

시인은 불심$_{佛心}$이 강한 불자$_{佛子}$이다. 진인사대천명$_{盡人事待天命}$이란 말이 있다. 임정도 시인의 삶이다. 참으로 사람으로서, 자식으로서, 형과 오빠로서, 남편으로서, 부모로서, 사회의 일원으로서, 스승으로서 해야 할 도리에 최선을 다한 시인이다.
언제인가 시인이 말했다. 이제 오늘 죽어도 여한이 없다고, 아침에 눈을 뜨는 것에 감사한다고, 내일을 생각하지 않고 오늘에 충실히 산다고, 그래서 하심$_{下心}$으로 살고, 자신의 내면을 채우는 일에 최선을 다한다고 했다. 그래서 암 진단을 받고도 암 수술을 받으러 서울로 가면서도 그렇게 담담할 수 있었으리라.

    난
    남은 생
    잘 지어 가리라.

    다음 생
    인간으로 태어나
    동진 출가 하리라.

    참 수행 길
    선지식 만나
    깨달음 소원 이루어 보리라.   - 소원, 에서 -

시인은 남은 생을 불자$_{佛子}$로 살고, 내세에는 인도 환생하여 불자$_{佛者}$로 살겠다는 소망을 노래했다. 불자$_{佛子}$로서 대단한 믿음이다. 또 다른 시에 노래하기를,

나 이제 잡초 되어 살리라

너른 자갈 마당 대웅전
부처님 바라보는
자갈 틈에라도 자리하여

스님의 청아한 독경소리
산사를 울리는 명상곡 들으며
수행승처럼

폭염 있는 날에도
눈 내리는 날에도
태풍 오는 날에도

늦봄 햇살 아래인 양

365일 하루같이
그 자리에서
용맹정진 하리라.　　　　　　- 잡초, 에서 -

　시인의 깊은 불심을 볼 수 있는 시이다. 잡초가 되어서라도 독경 소리를 들으며 부처님을 바라보면서 살기를 소망하고 있다. 잡초가 되겠다는 하심下心이 그렇고, 햇살 아래에서 365일 용맹정진하리라고 다짐함이 그렇다. 의물법을 쓴 시로서 리듬이 좋다

　다정다감한 정서가 있는 시이다. 임정도 시인의 시를 평하면서, 시인의 삶이 그러했기에 입지전적인 삶과 긍정적이고 적극적이며 강인하고 실천적인 삶을 노래한 시들을 강조한 면이 있다. 그뿐만 아니라 그리움과 불심을 노래한 시인의

시의 특성을 말하기도 했다. 그러나 이런 면들은 다소 무겁게 여겨지기도 할 것들이다.

그러나 시인의 시에는 다소 무거운 시들만 있는 것은 아니다. 다정다감하고 고운 정서가 있으며 인간미가 있는 시들도 많다.

> 향나무 아래 넓은 터에 자리한
> 흰 꽃대 분홍 꽃대 흔들면서
> 이집 저집 인사하는 사랑 초 부락
> 사랑과 정을 나누는 아침
>
> 아침 햇살 맞이하려 창문을 여니
> 층층이 살고 있는 담쟁이들
> 아래 위층 모두 나와
> 살랑살랑 하늘하늘 춤추고
> 흥얼흥얼 콧노래를 간지럽게 부르면
>
> 푸른 밥상 노오란 그릇 품은 민들레
> 하얀 고봉밥이 젓가락 끝에 달려
> 노래 따라 스르러 스르러 바람에 실려 가고
> - 정원의 하루, 에서 -

정원의 아름다운 풍경을 섬세하게 묘사적으로 노래한 시의 일부이다. 세상을 아름답게 보고 밝게 노래한 시들도 많다.

> 25세 청춘으로 단종대에 누워
> 어머니 소망을 그리워하며
> 아픔과 고통으로
> 죽음을 넘나들고

죄 없는 슬픈 호소
작은 사슴 기억하니
감금실의 분노를
믿음으로 감내하고

그대들의 恨
소록도 마지막 통곡되어
치유와 평화의 천국에서
거룩한 삶, 영원한 삶을 누리소서.　　　- 소록도 통곡, 에서 -

　시 '소록도 통곡'은 시인이 소록도를 방문하여 보고 느낀 통곡이다. 환우들의 아픈 삶을 보고 아파하는 시인의 아름다운 마음과 인간적인 면을 보여준 시들 중의 하나이다. 그 외에 어린 시절과 과거를 그리워하고, 친구들을 그리워하고 사랑하며, 가족과 아내를 사랑하는 등, 다정다감하고 아름다운 시인의 정서를 보여주는 시들이 있다.

　임정도 시인의 시는 건강한 삶이 있는 시이다. 어려운 환경과 역경을 이겨내고 마침내 박사 학위를 취득하고 대학교수로 우뚝 서는 성공적인 삶을 일구어낸 입지전적立志傳的인 학자이고 시인인 분의 시이다.
　시인의 시에는 무한 긍정과 피와 땀의 삶이 있고 성취가 있다. 그리움이 있고 지극한 효성이 있다. 그리고 깊은 불심에서 우러나오는 깊은 감동이 있다. 다정다감하고 자상하며 고운, 사랑과 인간미가 있다.
　임정도 시인의 시는 근자의 시류에 따른 난해한(시인 자신도 자신의 시를 설명하지 못하는) 시, 지나친 기교로 쓴 시, 시를 위한 시는 아니다. 리듬이 곱고 아름다운 정서가 있는 시, 음미할 깊이가 있는 시이다. 임정도 시인은 삶 자체가 곧

시$_{詩}$이다. 어쩌면 그의 삶을 전하기만 하면 시가 될 뿐, 지나친 기교로 꾸며야만 시가 되는 삶이 아니다. 깊은 공감이 있고 감동이 있고 교훈이 있다.

음악성이 있고, 의미성이 깊으며, 정서 성이 높은 진실한 시이고 예술이다.

독자들이 읽어서 위로와 감동을 받고, 자녀들에게 권하고 싶을 책이다. 이웃에게 전하고 싶을 책이다.

일독을 권한다.

아파서
한恨이 되어
이룰 수 밖에   野草 林正道 詩集

발행일 2023년 12월 10일
저 자 임정도
발행인 하상규
발행처 새문화출판사

주 소 47797 부산광역시 동래구 호현길7-4
          T. 051-522-1607 / F. 051-522-1607
          M. 010-5091-1607
          E-mail. ha2677@hanmail.net
등 록 2009년 12월 3일 제2009-000008호
인쇄처 제이엠프린트   M. 010-3560-9473

ISBN 979-11-974146-6-4
정가 : 12,000원

무단전재 및 복제행위는 저작권법에 의거, 처벌의 대상이 됩니다.